JN409969

여든, 꿈에 본 고향

김기화 시집

김기화 시집

여든, 꿈에 본 고향

초판인쇄 2019년 1월 10일
초판발행 2019년 1월 17일

지은이_ 김기화
발행인_ 이현자
발행처_ 도서출판 현자

등 록_ 제 2-1884호 (1994.12.26)
주 소_ 서울시 중구 수표로 50-1(을지로3가, 4층)
전 화_ (02) 2278-4239
팩 스_ (02) 2278-4286
E-mail_001hyunja@hanmail.net

값 10,000원

ISBN 978-89-94820-46-0 03810

이 도서의 국립중앙도서관 출판예정도서목록(CIP)은 서지정보유통지원시스템 홈페이지(http://seoji.nl.go.kr)와 국가자료종합목록시스템(http://www.nl.go.kr/kolisnet)에서 이용하실 수 있습니다. (CIP제어번호 : CIP2019000840)

김기화 시집

여든, 꿈에 본 고향

도서출판 현자

序文

시집을 엮으며

평안남도 평원(영유고을)에서 태어났습니다
1935년에 출생하여 1950년까지 살았으니까
15년 동안 고향에서 살았습니다
6·25 내전으로 인해 타향살이가 시작되었습니다
그러니까 고향에서 산 세월보다
타향에서 산 세월이 근 다섯 배나 되는데……
왜 고향을 사무치게 그리워하는지 모르겠습니다
옛날 학교 다닐 때엔 작문을 좋아하지 않았는데
시를 쓴다고 하니 헛웃음만 나오네요
그래도 중학교 다닐 때 작문시험에
5점 만점을 받은 기억이 납니다
그때를 떠올리면 조금 수긍이 되는 까닭이 아닐까요
문학이라는 것이 별로였는데 우연한 기회에
은평복지관 문학반에 등록하면서
존경하는 이성림 교수님의 가르침을 받아
시를 쓰게 된 것을 감사하게 생각합니다

2018년 초겨울
김 기 화

신비한 인연-
김기화 선생님과의 만남

이성림 (문학박사·명지대학 교수)

김기화 선생님을 생각하노라면 무언지 아련하게 정감이 느껴집니다.

전년도에 〈서울시립은평노인복지관〉에서 실시한 〈어르신 자서전 쓰기반〉에서 뵙게 되었습니다. 무엇엔가 끌림이라는 것이 있었기에 선생님과 마주하고 앉게 되지 않았을까라고 생각하니 신비한 인간의 인연맺음에 대하여 참으로 귀하게 생각이 되어 집니다.

'어느 노인의 추억'이라는 소제목으로, '어머니에 대한 추억·피난살이의 애환·고단한 가정생활, 그러나 보람'편에서는 평탄한 삶은 아니었지만 후회 없이 살았다는 내용을 담담히 적어 내셨습니다.

그렇게 자서전 쓰기를 함께 공부하면서 살아오신 선생님의 이야기를 읽고 수정하는 과정을 통하여 얼마나 진지하게 열심히, 선하신 마음으로 매사 충성스러운 자세로 삶에 임해 오셨는지를 느끼게 되었습니다.

이번에 펼쳐내시는 〈여든, 꿈에 본 고향〉은 운문입니다. 이미 자서전 쓰기를 통하여 선생님의 왕성하신 산문 쓰기의 필력은 입증이 되셨습니다. 그러고 보면 선생님은 산문이든 운문이든 마치 어제의 일처럼 기억해 내시고 회상해 내시는 능력을 천부적으로 타고 나셨습니다.

《여든, 꿈에 본 고향》은 총 4부로, 1부 나이 먹기·2부 여든, 꿈에 본 고향·3부 여름이 끝날 무렵·4부 신기한 나의 눈으로 되어 있습니다. 각각 21편의 작품으로 총 84편을 수록해 놓았습니다. 우선 이만한 작품이면 그 분량으로 보았을 때 기성작가이건 아니건 간에 대단한 습작품의 연마를 해 오고 계신 분임을 알 수 있습니다.

저는 참으로 미력한 교수자이지만 이 점을 대단히 높게, 높이 평가하는 바입니다. 이만큼 나름의 작품으로 엮어내시기가 결코 수월하지 않다는 것을 경험으로도, 혹은 주변에서 들은 바로도 잘 알 수 있기 때문입니다.

그 내용에 있어서도 일생 살아오신 총체적인 삶의 무늬가 켜켜이 들어 있음을 작품의 제목만 일별一瞥해 보셔도 짐작이 되고도 남습니다.

참으로 다양한 소재들입니다. 전체적으로 한번 주욱 훑어보시면 시의 형식을 취하고 있음에도 자전적인 내용으로 점철되어 있어 역사적인 시대상이 그대로 잘 드러나고 있습니다.

살아온 세월에 대한 회고담이 그대로 담겨 있습니다. 기쁜 일, 슬픈 일, 고통스러운 기억, 즐거운 순간, 생활고의 나날들, 자식으로 인한 기쁨, 아내와의 사별 등이 고뇌와 아쉬움의 애수로 잔잔하게 담겨 있습니다.

어린 시절, 청소년 시절, 총각 시절, 취업, 연애, 결혼, 출산, 생활인의 시절, 중년 시절, 직장인으로서의 종사했었던 일들, 가족관계의 에피소드, 고향의 추억담, 남한에서 자리 잡기까지의 어려운 과정, 종교생활, 손주 손자들 이야기, 신체적인 변화에 대한 세세한 고찰, 요즈

음의 소일, 마지막으로 소원하는바 등이 시의 소재로 잘 활용되고 있음을 눈여겨봅니다.

선생님은 다소간 귀가 잘 안 들리고 연세에서 오는 노화의 현상이 있으시나 아직은 현역이십니다. 현역으로서의 삶을 충실히 살아내고 계십니다. 그래서 다음의 후속적인 작품집 탄생도 기대해 봅니다.

오늘도 현역의 의무를 다 하시기 위하여 은평복지관에 개근을 하고 계십니다.

늦게 오셨으나 어느 순간엔지 맨 앞자리를 마치 고정석처럼 자리 잡고 계십니다. 선생님의 마음은 글에서처럼 아직 청춘이십니다. 청춘의 힘을 믿습니다.

삶의 본보기를 보여주고 계시는 선생님의 존재하심 그 자체로 하나의 커다란 문학관이며 박물관이라는 생각을 들게 합니다. 오늘 그 문학관과 박물관을 열어 보이시는 선생님의 출판소식을 우리 문학반 문우들은 모두 한 마음으로 축하드리며 박수를 칩니다.

다시 한 번 《여든, 꿈에 본 고향》 출간하심을 진심으로 축하드립니다.

차례

1부 나이 먹기

2부 여든, 꿈에 본 고향

3부 여름이 끝날 무렵

4부 신기한 나의 눈

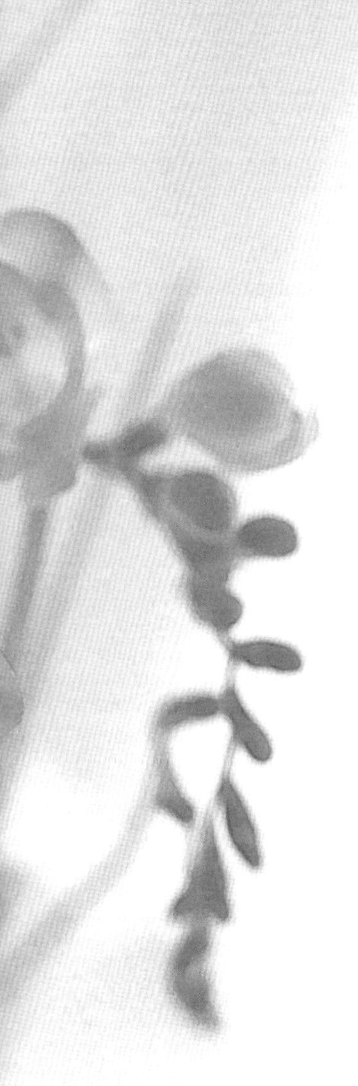

—

1부

—

나이 먹기

—

가는 세월

사람을 기다리는
한 시간이 얼마나 깁니까
그런데 가는 세월은
어떻게 이렇게 빨리
갈 수 있습니까
팔십여 년이 순식간에
가 버렸으니 말입니다
가는 세월 붙잡아 봅니다
내 힘이 부족해서
어쩔 수 없습니다
여보시오 벗님네들
힘 모아 가는 세월
붙들어 봅시다
멈추어 세울 수 없다면
천천히 가게라도 해봅시다

나이 먹기 1

먹는 것 좋아해서
사양해 보지도 않고
주는대로 받아먹더니
돈 받지 않고 준다고
주는대로 덥석덥석 받아먹더니
맛있더냐 그 나이 배부르더냐 그 나이
하기야 싫다고
먹지 않아도 되는 나이가 아니니까
어쩔 수 없이 팔십여 년 동안 먹었네

얼마나 나이를 더 먹어야
내 생이 끝날지 모르지만
그동안 열심히 살았지요
욕심 부리지 않고
남에게 손해 끼친 일없이
나름대로 열심히
부끄럽지 않는 삶을
살아왔다고 자신 있게
말할 수 있네

나이 먹기 2

먹고 싶지 않은 나이
팔십여 년 동안 먹어도
배부르지 않는 나이
많이 먹다 보니
머리는 백발이요
얼굴에는 주름이 져
쭈글쭈글 해졌네
어디를 가도 반겨주질 않네
나름대로 젊을 때 열심히
일했는데 힘이 없어
아무 일도 할 수 없으니
푸대접하네요
먹고 싶지 않는 나이
또 먹어야 되네
나이 한 살 더 먹어도
달라지는 것 없는데
나이 먹고 싶지 않은데
먹어야 되네
어릴 때 나이를 먹으면

희망이 생겼는데
늙어서 나이를 먹으니
희망보다 소망이 커지네

인생살이

이 세상 살아가는데
별거 있습니까
이래도 한 세상이요
저래도 한 세상인 것
많이 가졌다고 잘사는 것 아니요
가진 것 적다고 못사는 것 아닌 것을
높은 자리에 있다고 잘 사나요
낮은 자리에 있어도 잘 수 있습니다
그렇게 그렇게 살다가
때가 되면 가야 하는 것 아닌가
사람이 살아가면서
사람답게 살아야 하는데
후회 없이 살다가야 하는데
뒤돌아보니
아쉬운 것뿐이네
미안한 것뿐이네
부끄러운 것뿐이네

행복을 찾아

행복은
누구나 언제나
갈구하고 원합니다
그러나 그것을 찾아
간직하기란 쉽지 않습니다

행복은 오직 부유와 온갖 명예 속에
있다고 여기기 때문입니다

번쩍번쩍하는 결혼 예물
권력.명예에서 찾으려 하지 말고
이웃에게 행복을 드리면
나 자신이 행복해 진다는 것을
실천한 사람은 알고 있습니다

나

먹고 살기 힘든 시기에
자식들 굶기지 않으려고
열심히 일했지
돈 생기는 일이라면
무슨 일이라도 했지
쉬지 않고 달려온 팔십여 년
나에게 남은 것은 무엇인가
이렇다 하고 내세울 만한 것
찾아볼 수 없네
나는 아직도 무슨 일이든
할 수 있을 것 같은데
믿어주는 사람 없네

길

엄마 손잡고 걷던 길은 평탄한 길
가족을 지키기 위해 자갈길
가시밭길을 걸기도 했다
좋은 세상을 만나 꽃길을 걸었다
이런 길 저런 길들
한 평생 걸어야 하는 길을
다 경험 한 늙은이
이제 가파른 길을
힘겹게 걷고 있네
내 가는 길이
끝나는 날
하늘길이 열리면
그 길을 걸으리라

열심히 달려왔는데

한눈팔지 않고 앞만 보고
열심히 달려왔는데
옆 볼 틈도 없이
열심히 달려와 보니
언제인가
젊음은 가 버렸네
젊음을 되돌릴 수 없을까
내 마음은 아직도 젊은 것 같은데
늙고 싶지 않은데
내 몸 너무 늙어 버렸네
아무 것에도 쓸모없는
늙은이가 되어 버렸네
앞만 보고 열심히 달려왔는데
이제 가야 할 곳은 하늘나라
한 곳 밖에 남지 않았네

행복이 넘치는 삶

마음 문 열고 도란도란 희망을 노래해요
살갑게 살갑게 마음을 맞추어 주는 세상
희망이 솟구치는 세상
우리 모두 마음 문 열고 한마음으로 노래해요
나를 낮추고 남을 높여 주는 따뜻한 세상
우리들의 삶은 더욱 행복이 넘치리

우쭐댄다고 아무도 알아주는 이 없는데
잘났다고 나를 따르라 앞서지도 말고
교만을 버리고 늘 겸손한 마음으로 살아요
서로를 위해 주고 배려해 주는 삶
가슴 아픈 사연들을 감싸 주고
위로해 주는 삶
살아가다 보면 어려운 일에 직면하는 때에도
슬기롭게 잘 헤쳐 나가요
너무 튀지도 말고 그냥 소박한 삶을 살아요
사람들 각자의 생각대로 아름다운 모습으로
살아가는 것이 아름다운 삶이 아닐까요
만족한 삶을 통해 행복을 맛보아요

흘러가는 세월

흘러가는 것이
세월이라면
보를 만들고
수문을 만들어
흐르는 세월
수문으로 조절할 수
있으련만

바퀴가 달려
굴러가는 세월이라면
제동장치를 만들어
가는 세월 세울 수도
천천히 가게도
조절할 수 있으련만
안타깝습니다 아쉽습니다
창조주시여
제동장치 만드는 것을
잊으셨나요

나그네

팔십여 년 전에
지구촌에 왔다가
내 본향을 향해
여행하는 나그네
여보시오 저 나그네
무엇이 급해서 뛰어가시오
한번 지나가면 못 오는 길이니
쉬엄쉬엄 눈요기하면서 가시오
가다가 눈에 거슬리는 것
있거든 못 본 체하고
그냥 지나가시오
귀는 막고 눈은 가늘게 뜨고
한눈팔지 말고
앞만 보고 가시오
그게 편하니까

귀가 고장났네

팝십여 년 써먹었더니
귀가 고장났네
누가 이야기하면 눈치로 아네
웃으며 이야기하면 따라 웃네
무엇이라 이야기하면
엉뚱한 대답을 하네
사람들이 멀리하네
여럿이 모여 있으면
무슨 이야기를 하나 더 궁금해지네
전화를 해도 잘 알아듣지 못하니
전화도 멀리 하네
그나마
문자로 이야기할 수 있으니
다행이네

추운 날에도
매미 소리 귀뚜라미 소리가 들리네
등산을 하는 때도
공장의 기계 돌아가는 소리

내 귀는 어떻게 생겼기에
별의별 소리가 다 들릴까
팔십여 년 써먹었으니
고장 날만도 하지
얼마나 더 써먹어야
내 생이 끝날지 모르지만
별 수 있나 그냥 살아야지

이명耳鳴

12월 27일 맑음
최저 기온 섭씨 영하 7도
추위에도 벌레들의
합창소리가 들리네
1월 3일 맑음
최저 기온 섭씨 영하 12도
낮 기온도 영하권
요새 벌레들은
내한성이 강한가 보다
영하권에도 죽지 않고
살아서 합창을 하니
귓속이 따뜻해서일까
여전히 합창소리가 들리네
어디서 왔을까
소란스럽게 울어대네
잠도 없는가
쉬지 않고 합창하네
어찌하랴 내가 좋아서
떠나지 않는 데야

갈만한 곳 없으면
내가 죽을 때까지
같이 살자꾸나

쓸모없는 노인

밤이 지나면
아침은 다시 오는데
만물의 영장인 인간은
한 번 가면 다시 못 오니
자랑할 것 하나도 없네
사람이 늙으면 아무 곳에도
쓸모가 없는데
낙엽은 나무에서 떨어질 때도
젊은이들을 즐겁게 하고
땅에 떨어진 낙엽을
밟으며 즐거워하는데
낙엽은 썩어서도 거름이 되는데
난 아무 곳에도 쓰일 만한 곳 없네
젊은 때에는 손주들이
내 옆에서 잔다고들 하더니
늙으니 곁에 오려고 하지 않네
그래도 가끔 만나면
안아주며 인사하니
그나마 다행이네요

허무한 세월

세월은 걷잡을 수 없이 흘러가네
눈 깜박할 사이에
어느덧 팔십여 년이 지나가버렸네
팔십여 년이 흘러가는 동안
난 무엇을 했나
먹고 자고 한 것뿐 이렇다 하고
보여줄 만한 것 없네
나에겐 결실이 없네
또 한해가 지나가네
물끄러미 가는 세월
쳐다보고만 있을 뿐
무슨 그루터기라도 남겨야 했는데
무슨 흔적이라도 남겨야 하는데
눈에 뜨일 만한 것 없네
내 재주론 어쩔 수 없네
한심스러운 인생이여
가엾은 인생이여

허황虛荒된 꿈

겨울이 지나면
봄이 오듯이
밤이 지나면
아침이 오듯이
인생도
늙음이 지나면
젊음으로 돌아
갈 수는 없을까
나의 인생길에
끝자락에 서게 되니
내 인생살이가 너무
허무한 마음이 들어
허황된 꿈을 꾸어 보네

내가 마지막 바라는 것

팔십여 년 동안
쉬지 않고 달려왔네
쫓아오는 사람도 없는데
뒤돌아 볼 틈도 없이
무엇이 그리 급해서
달려왔을까
이제 막다른 곳에 이르니
뒤돌아보게 되네
험한 길을 지나왔다는 것
자갈길을 넘어지지 않고
무사히 걸어왔다는 것
정말 고맙게 생각이 드네
이제 얼마 남지 않은 길
굴곡 없이 평탄한 길만
있기를 기도드리네

겸손한 삶

얕은 개울물은 흘러가는 소리가 요란하고
물은 연못이 되었을 때 소리가 없다
수레는 빌수록 요란하고 벼 이삭은 영글수록
고개를 숙인다
꽃은 향기를 날려 자신을 알리고
마음을 잘 다스리는 평화로운 사람은
침묵하고 있어도 한 송이 꽃처럼
향기가 난다
비워둔 방구석 금세 먼지가 쌓이는데
돌보지 않는 사람의 마음 구석인들 오죽하겠는가?
어떤 분의 말처럼 산다는 것 끊임없이
쌓이는 먼지를 닦아내는 것인지도 모르겠다
덧없이 흘러가는 세월 속에 상처받지 말고
아프지 말고 기쁘고 즐거운 날들만 있기를……

내가 살고 싶은 이유

하는 일 없이 살 때에는
죽어야지 죽어야지
하던 생각이
글쓰기를 하고부터는
내 마음이 달라졌네
할 일이 생기니까
내 생명을 몇 년만
연장해 주셨으면 좋겠다고
그러면 무엇 할 거냐고
서툴지만 시를 몇 편 써서
한 권의 시집을
출간했으면 해서이다
그것이 내가 좀 더 살았으면
하는 이유가 아니겠습니까
내 작은 바람이니까요

회개의 기도

지금까지 주님의 은혜로 살아왔는데
주님이 원하시는 삶을 살지 못하고
나의 삶이 죄를 범하면서 살고 있다는 것을
깨닫지 못하고 살아가는 어리석은 주님의 자녀입니다
하나님 말씀에 오른뺨을 때리거든
왼뺨도 돌려대라고 하셨는데 난 그리하지 못했습니다
그래도 그리스도인이라고 할 수 있습니까
겉옷을 달라하면 속옷까지도 벗어주라고 했는데
난 그리하지 못했습니다
그래도 그리스도인이 될 수 있습니까
좋은 옷 금가락지 끼고 온 사람 반갑게 맞아주고
남루한 옷 입은 사람 대수롭지 않게 대했습니다
같은 하나님의 자녀인데 차별했습니다
나 또한 차별을 받았습니다
차별을 말아야 할 사람한테 차별을 받았습니다
누구보다 더 하나님 말씀을 잘 아는 사람에게
차별을 받으니 내 마음 몹시 아팠습니다
그래도 그리스도인이라고 할 수 있습니까
주여 주여 소리 높혀 부르짖어야만 하나님이 듣습니까

우리들의 일거수일투족을 다 주관하신다고 했는데
하나님께서는 우리의 마음과 생각까지도
알고 계신다고 했는데
구하기 전에 너에게 있어야 할 것을
미리 아신다고 했는데 너무 티내는 것 아닌가요
내 눈에 들보가 있는데 그것을 모르고
남의 눈에 티가 있다고 흉봅니다
그래도 그리스도인이라고 할 수 있습니까

하나님 그리스도인답지 못하게 살아온 것

회개의 기도드립니다

내 친구

다정한 친구가 있기에
늘 감사한 마음으로 살아갑니다
형제 같은 친구
당신이 있기에 늘 행복합니다
마주하고 있는 모습은
멀리 있어 볼 수는 없지만
진솔한 마음으로 나눌 수 있는
다정한 친구가 있어 늘 감사합니다
세상사 고단한 삶 속에서도
가식 없는 사랑으로
용기를 주고 힘을 준 친구
정말 고맙습니다
때로는 스승 같은 마음으로
때로는 형제 같은 마음으로
서로의 아름다운 마음만을 바라보며
오고 가는 안부 속에
행복을 누렸기에 늘 감사합니다

2부

여든, 꿈에 본 고향

여든, 꿈에 본 고향

지난 밤 꿈속에 내 고향 찾아갔네
철이 바뀔 때마다 울긋불긋
옷을 갈아입는 뒷동산
꿩들이 알을 품고 뻐꾸기 노래하네
골목 양지에 모여 있는 소꿉동무들
보리밭 종달새
하늘 높이 날아올라 지저귀고
추녀 밑 제비새끼들
어미 새 날아오면 밥 달라고 소리지르네
언덕에 누워 풀피리 꺾어 불던 친구
물웅덩이에 모여 물장구치는 어린이들
같이 놀던 친구들 아직도 있네
밭둑을 걸으며
그때 그 모습으로 나를 반겨주네
밤이 되니 하늘에 무수히 떠 있는 별들
순식간에 지나가 버렸네
나도 내 고향이 있었는데
꿈속에서라야 가 볼 수 있네

눈을 감으면

지금 팔십이 넘은 나이에도
눈만 감으면
어릴 때가 떠오르네
물웅덩이에서
미역 감던 애들
사내아이 계집애들
실오라기 하나도
걸치지 않고
물장구치던 그때
부끄러움도 몰랐지
세상사를 몰랐으니까
그때로
돌아갈 수 있다면

가고픈 내 고향

눈 감으면 아련히 떠오르는
내 고향 산천
봄이 오면 울긋불긋 꽃으로
물든 앞 동산
은은히 뒷산에서 들려오는
뻐꾸기 울음소리
여름에 모깃불 피우면
향긋한 쑥 타는 내음
평상에 둘러앉아
햇감자 옥수수 먹으며
어머님이 들려주시던
옛날이야기
지금도 쟁쟁히 귓가에 감도네
들에는 나락이 익어
황금 물결치던 내 고향
산 밑에 사과가 익어
울긋불긋 눈앞에 어른거리네
아름다운 내 고향
가고픈 내 고향

갈 수 없는 내 고향
연어 같은 미물도 때가 되면
고향에 가 죽는데
만물의 영장이라는 인간이
죽을 때가 가까워졌는데도
고향에 갈 수 없다니
참으로 안타깝구나
나이를 먹으니
더욱 생각나는 내 고향.

그리운 고향

내 고향 가 볼 수 있을까요
꿈속에서라도 한번 가 보고 싶습니다
오곡 백화가 만발하던 고향
아름다운 고향 그리워지는 고향
천진난만하게 뛰놀던 고향
선부, 길례, 택진이, 옥성이
고향에서 살고 있겠지
일주일만 나갔다 오면
된다던 고향
금년에는 가려나
내년에는 가려나
내년 내년 하며 살아온 세월이
칠십 년 동안이나
그리워하며 살고 있네
살아생전에 가 보려나
지금 내 나이에
고향에 간다고
내 삶에 무슨 큰 변화가
있겠냐만 그냥 가고 싶네

고향이 그리운 건
어쩔 수 없네
내 고향 내 고향
한없이 불러보네
고향이 그리워지네

봄은 오는데

봄이 다시 온다기에
가신 님도 봄과 같이
오지 않을까 나가보네
저 먼 언덕에 아지랑이가
피어오르는 것이 보이네
파릇파릇 따라오는 봄도 보이네
아지랑이에 가려서
오신다 하던 내 님은 보이지 않네
눈이 아프도록 뚫어져라
쳐다보아도 내 님은 오시지 않네
왜 못 오시는 걸까
발병이라도 나셨나
오시다 넘어져 다치지 않으셨나
가지 말라고 매달리는
사람이라도 생겼나
혹시나 오시려나 하염없이
먼 언덕만 쳐다보고 서 있네

고향이 그리울 때

고향이 그리울 땐
눈을 감아 봅니다
높은 하늘에서 들려오는
종달새 지저귀는 소리
그 밑에 펼쳐진
푸르른 곡식 밭들
밭둑을 달리며
잠자리채를 흔들던
아이들이 보이네
곡식이 익어 황금 물결치는 벌판
목화송이 따는 아낙네들
목화 한 보따리 이고
가는 아낙네
추수를 끝낸 논바닥이 얼어
썰매 타는 아이들
내 눈에 아른거리네

피난살이

왜 왔을까
반겨 주는 이 없는 이곳에
모든 것이 낯선 이곳에
의심의 눈초리로
바라보는 이곳에
손 내미는 이 없는 이곳에
그래도 살아남기 위하여
열심히 달려야 했다
어떠한 비바람도
견뎌 내야만 했다
어떠한 역경도
이겨 내야만 했다
언젠가는 비바람
그치는 날이 오겠지
밝은 그날이 오리라 믿고
열심히 달렸다
남의 입에 오르내리지 않으려고
남에게 손가락질
받지 않으려고
열심히 살아왔다

추억 속의 꽃길

우리 동네 뒷길은
과수원 길
4월이면
사과 꽃 활짝 피어
사과 꽃향기가 있는 길
5월이면
아카시아 꽃 활짝 피어
아카시아 꽃향기가 있는 길

아침마다 그 과수원 길로
여중생들의 등교하는 길
여중생들의 웃음꽃이
활짝 피는 길
여학생들 웃음소리에
까치가 깜짝 놀라
도망가던 길
아름다운 그 길
잊을 수 없네
지금도 그 길
훤히 보이네

그 별들 그 하늘에 지금도 떠 있겠지

고향을 그려봅니다
버리고 떠나 온 고향
찾아갈 수 없는 고향
그래도 생각납니다
어릴 때의 내 고향
맑은 하늘에 별들이
촘촘히 떠 있던 밤하늘
북쪽 하늘에 떠 있는
북두칠성을 바라보며
손끝으로 그 별을 가리킬 때
별똥별이 밝은 선을 그리며
떨어지는 것을 보며
환호하곤 했지
그 시절이 그립습니다
친구와 평상에 누워
별 하나 나 하나
별 둘 나 둘
누가 빨리 세나
내기하던 때

그 별들 그 하늘에
지금도 그대로 떠 있겠지
그때가 생각납니다

봄이 오면 생각나는 고향

우리 고향은 논이 많은 곳이라 웅덩이가 많아서 붕어낚시 할 곳이 많았다 낚시 바늘을 구해 집에서 쓰는 바느질실로 낚싯줄을 하고 찌는 작고 길쭉한 돌을 실로 매고 깜부기는 옥수수대 끝에 있는 가는 부분을 잘라썼다 깜부기의 움직임을 잘 보기 위해 끝부분을 불로 태워 굿던지 검은 실로 몇 층을 감아서 표시했다 물고기들이 멍청했는지 어린 나에게도 낚싯대를 던지기만하면 물려 올라오곤 했다 한번은 집 가까이에 있는 웅덩이에서 낚시를 했는데 낚시를 던지고 조금 있으니 깜부기가 올라갔다 내려갔다 하더니 깜부기가 물 위로 완전히 올라와 누워서 움직인다 낚아챘더니 붕어가 물려서 올라온다 어린 나이에 보아서인지 무척 큰 붕어가 잡혔다 끌어당기는데 요령이 없어서인지 낚싯줄이 끊어져 붕어는 도망갔다 얼마나 아쉬웠던지 낚싯대에 매어있던 줄을 다 끌고 갔으니 혹시 깜부기가 보일까 하고 며칠 웅덩이 주위를 서성거렸던 생각이 난다 어린 나이에 어른들이 낚시를 간다하면 아침밥도 먹지 않고 새벽에 따라다니곤 했다 여름엔 옥성이랑 몇몇 친구들과 학교공부가 끝나면 물고기 잡으러 다니던 일 도랑을 위아래를 막고 물을 퍼서 고기 잡던 일 옷이 흙탕물에 더러워진 것도 모르고 물고기가 떠다니는 것이 보이면 손으로 잡곤 했다 그때를 생각하면 내 고향이 떠오른다 영유읍 여유고을

시골 나이 드신 분들은 여우골 여우골 했다 위 고을 영덕리에 가면 원님이 죄인들을 취조도 하고 연회도 베풀던 큰 건물이 있다 건물을 관리를 하지 않아 마룻바닥이 떨어져 덜컥거렸고 사람들이 신을 신고 올라다녀서 마룻바닥이 엉망이었다 건물 옆에는 아름드리 은행나무가 있었고 죄인들을 취조하던 넓은 마당은 마룻바닥보다 약 2m 정도 밑에 있었다 건물 주위에는 일제 강점기에 일본인들이 거주하던 이층집들이 십여 채 있었던 것 같다 집 앞에서 보이는 산봉우리들 벌판에 큰 미륵이 서 있던 것 또 능 같은 것이 세 개 있었다 그 위에 곡식이 심겨져 있었으니까 능이 아닌지 모르겠다 능 주위에 물이 깊어서 올라갈 수 없었다 겨울에는 얼음이 얼면 가끔 스케이트 시합도 했으니까 우리 읍내에서 서쪽으로 십여 리 가면 큰 개울이 있는데 바닷물이 그곳까지 들어왔다 나갔다 해서 물에 염분이 있었다 개울 상류에 있던 민물고기들이 하류로 내려오면 거의 살지 못했다 또 참게들이 염분이 있는 물에서 산란하기 때문에 참게도 많이 있었다 여름 방학 때면 가끔 형님과 같이 게 잡으러 다니던 생각이 난다 내 고향은 삼면이 산으로 둘러싸여 있고 서쪽만 훤히 터 있는 고향 장작불 때고 쌀밥 먹는다던 고향 아늑한 고향 그리워지네

중학교 다닐 때

양옥성은 나보다 두 살 위였는데 중학교 다닐 때 같은 반이었다 키도 나와 비슷해 한 책상에 같이 앉았다 초등학교 다닐 때에는 별로 친하게 지내지 않았는데 중학교에서 같은 반이어서 친하게 지냈다 중학교 2학년부터 러시아어를 배웠지만 1학년 때에는 영어를 배웠다 영어시간에 무어라 귓속말을 했는데 선생님이 들으시고 우리들의 머리를 잡고 힘 있게 부딪혔다 그랬는데 옥성이 머리가 찢어져 피가 났다 내 머리는 멀쩡했다 나중에 옥성이가 하는 말이 머리를 부딪칠 때 연필을 댔었냐고 물었다 연필을 댔으면 내 머리도 찢어졌지 하고 대답해 주었던 생각이 난다 우리 친구 몇 사람이 모여 이집 저집 다니면서 공부를 했다 우리 집 차례가 되어 우리 집에 모여서 공부를 했는데 공부가 끝나고 밖으로 나오니 집 뒤 창문에서 우리들을 감시하는 보안원을 보았다 우리들은 청치는 관심 없고 공부만 했으니까 별문제가 없었다 나보다 한 살 많은 친구들은 인민군대에 가서 만날 수 없었다 중학교 2학년인가 캠핑 가서 고생한 이야기를 하려고 한다 여름 방학 때 같은 반 친구들 한 열댓 명이 선생님 다섯 분인가 같이 캠핑 간 일이 있다 같이 갔던 친구들의 얼굴은 칠십 년이 넘었으니까 기억나지 않는다 우리 고향에 저수지가 두 곳 있는데 거리가 먼 곳에 농마루저수지가 있다 저수지의 크기는 둘레가 약 육십 리라고

들은 것 같다 옆에 잔디밭이 넓어서 많은 사람들이 놀 수 있다 잔디밭까지 가려면 수문 쪽에 있는 좁은 다리를 건너야 하는데 다리가 높고 좁아서 건너갈 때 다리가 후들거리고 밑을 내려다보면 눈이 아른거리던 것이 생각난다 또 하나는 삽재저수지이다 약 이 킬로미터 정도 됐던 것 같다 이곳에서 우리 학교까지 등하교하는 학생들이 있었으니까 저수지 물은 모내기하느라 많이 사용해 물이 많지 않았다 조각배를 타고 투망을 던지며 물고기를 잡았다 물고기들이 물이 적어 한 곳에 몰려 있어서 투망을 던질 때마다 많은 고기가 잡혔다 텐트 친 곳으로 돌아와 요리를 하고 저녁식사를 했지만 나는 하루 종일 배 타고 다녀서 뱃멀미를 심하게 해 저녁밥도 못 먹고 밤새도록 고생한 일이 생각난다 다음날도 배 타고 나갔는데 저수지 중간쯤 가서 헤엄쳐 수문 쪽으로 가려고 배에서 내렸다 한참 동안 헤엄쳐 가다가 좀 쉬었다 가려고 내려가니 발이 땅에 닿지 않고 깊은 데로 내려가니 물이 차갑게 느껴져 안되겠다 하고 다시 올라와 힘을 다해 건너온 기억이 난다 다음날 갑자기 비가 내려 급하게 짐을 챙기고 텐트를 걷고 돌아왔는데 학교에 오니 비가 그쳤다 비가 와서 급하게 철수하느라 짐을 제대로 챙기지 못했던 것 등 모든 것이 좋았던 때의 기억으로 남아 있다

잊혀 가는 고향

고향 떠나 십여 년에
청춘만 늙는다고 했는데
난 벌써 고향 떠난 지
칠십 년이 다 되었네
어쩌다 보니 이렇게
늙어 버렸네
늙은이가 더 늙어
고향이 희미해져 가네
고향이 잊힐 것 같아
고향을 그려봅니다
아직도 늙지 않은
어린 때의 그 모습들
구슬치기 사방치기
하는 모습들이
옷 버리는 줄도 모르고
무릎 꿇고 기어 다니던 그때
나이를 먹으니
더욱 그리운 고향

잠 못 이루는 밤

잠을 못 이루는 밤에
이리 뒤척 저리 뒤척이다가
옛날을 그려보네
어린 시절의 나
멍청하다는 말은
듣지 않고 살았는데
지금 와서 뒤돌아보니
너무 허무한 세상을 살았네
부모님 살아계실 때
효도도 한번 못하고
그렇다고 자녀들에게도
이렇다 하고 해 준 것
아무것도 없네
지금 와서 생각해보니
세상을 헛살아온 것 같네

나의 어머니

추울세라 더울세라
애지중지 키워주신 어머니
달라하면 아끼지 않고
무엇이든지 주시던 어머니
자식을 위해 모든 것을
희생하신 어머니
이제야 철이 들어
효도해 보려니 안 계시네
나이 들어 음식을 씹는 것이 불편한데
어머님은 얼마나 불편하셨을까
왜 그것을 몰랐을까
세상 탓하며 변명해 보지만
내 마음 편치 않네
좀 더 다정하게 해 드렸어야 했는데
후회해도 안 계신 어머니

손자가 생겼다고 늘 웃으시던 어머니
더러운 기저귀 쓸세라
늘 깨끗하게 빠시던 어머니

지금도 웃으시는 모습
선하게 보이는 어머니
불러도 대답 없으신 나의 어머니

어머니

좋은 음식을 먹을 때
가끔 어머니 생각이 납니다
좋은 옷 한 벌 해 드리지 못한 것
좋은 곳 구경 한번 못 해 드린 것
못한 것만 생각이 납니다
이 시간도 어머니 생각을 합니다
어머니란 말보다
엄마라고 부르면
마음이 울컥 해집니다
엄마 엄마 눈물이 납니다
좀 더 신경을 썼으면
어머니를 잘 모셨을 것을
후회해도
돌이킬 수 없네요
어머니, 소자의 불효를
용서하시고
하늘나라에서 평안하시길
기도드립니다

일찍 떠난 당신을 생각하며

어린 나이에 나에게 와준 당신
웃어른의 말을 거역하지 못하고 내게로 온 당신
어린 나이에 결혼을 원치 않았지만
순종하는 마음으로 나라는 사람을
알지도 못하고 와준 당신 고마워했어야 했는데
달갑게 대해주지 못한 나를
서운하게 생각했겠지요
지금 와서 생각하니 미안한 것뿐이요
밥 한 그릇 김치 콩나물국 멸치조림이
전부였지 넉넉하지 못한 삶에서
애정이라도 넉넉히 주었어야 했는데
늘 쌀쌀하게 대한 것 미안하오
우리들의 궁핍한 살이 당신 때문이 아니었는데
늘 불평하면서 살았지 미안하오
하지만 우리가 살아가다가 보니
점점 나아진 삶을 살았지 않소
애들 옷도 백화점에서 사 입혔고
당신도 양장점에서 옷을 맞추어 입을
정도였으니까 당신이 중병에 걸리지 않았으면

그런대로 잘 살 수 있었는데
지금 생각해보니 나 때문에 일찍 떠나가게 된 것 같아
늘 죄인의 마음으로 미안하게 생각하고 있소
부디 하늘나라에선 평안하기를

딸에게

엄마 아빠가 볼일이 있어
늦게 집에 오면
맏딸인 너는
책임감으로
비닐하우스 무거운
보온 덮개를 덮곤 했지
열두 살 때인 것 같다
수고 한 너에게
칭찬 한번 해주지 않은 것
미안하게 생각한다

소풍 가는 날

철이와 영이가 소풍을 가네
도시락 싸서 배낭을 메고 소풍을 가네
강아지도 따라오네
영이 머리에 꽂은 꽃을 보고
노랑나비 한 마리도 따라오네
어쩌나 나비 도시락은
준비를 안 했는데
나비가 먹을 도시락은
제비꽃집 민들레꽃집
들렸다 가면 된다 하네

재잘거리며 걷다 보니
개울가에 도착했네
시냇물 졸졸졸 노래를
부르며 흘러가고
갯가에 능수버들
흐르는 물에 머리를 감고
송사리 떼 모여서
잘 왔다고 반겨주네
종달새 노래하고 철이와 영이
춤을 추니 나비도 따라서
너울너울 춤을 추네

옛날 친구
— 50년대

옛날을 생각하면
옛 친구가 떠오릅니다
겨우겨우 입에
풀칠하던 때의 친구
기쁠 때도 슬퍼 괴로울 때에도
같이했던 친구
국화빵 사서 같이 먹던 친구
마음이 괴로울 때에도
기쁠 때에도 같이 했던 친구
마음이 괴로울 때
위로 해 주던 친구
같이 아파하던 친구
세월이 흘러 백발이 된 지금
그때를 생각하면
고마운 것뿐이네
좋은 세상이 왔는데
만날 수 없으니
마음이 서글퍼지네

내가 걸어온 길

인생을 살아가는데
어찌 평탄한 꽃길만 있겠는가
때로는 자갈길 가시덤불이 우거진 길
언덕길을 힘겹게 올라가면
내리막길도 있지 않은가
변함없는 길만을 간다고 하면
살아가는 재미를 맛볼 수 있겠는가
험한 길을 빠져나왔을 때의 기쁨
그 기쁨을 맛보셨나요
좋은 길만 걸어왔다면
진정한 인생살이의 기쁨을
느낄 수 있겠는가
나, 비록 굴곡이 많은 길을
감내하면서 걸어왔기에
진정한 행복을 느낄 수 있지 않은가
내리막길을 걷다 보니
평탄한 길 꽃길이 나오네
꽃길인가 싶더니
황혼 길에 접어들었네

이제 마지막 길만 남았네
가깝게 지내던 사람들
하나둘 떠나가고 언젠가는
나도 가야 하겠지
내가 세상을 하직했을 때
잘 갔다는 말보다는
열심히 살았었다는 말을 들었으면
얼마 동안이라도
기억되는 사람이었으면

금송아지

고향을 떠나 타향살이하는 사람들
고향에서 잘살지 못했다는 사람
한 사람도 보지 못했네
자기 집에 금송아지가 있었노라고
기죽지 않으려고 허풍을 떠네
오죽했으면 고향을 떠나왔겠소
하고 말하고 싶지만
타향살이하시느라 고생 많으십니다
하고 위로하지요
아마 노랑물감 칠한 송아지가
있었나 보다 생각하지요
심지어 교회 권사라는 분도 송아지가
몇 마리 있었노라고 자랑을 합니다
아무리 자랑을 해도
당신의 언행을 보면 당신의 삶
어느 정도 짐작이 갑니다
아무 말하지 않으면 중간에라도
끼이련만 공연히 나서서
꼴지가 된다는 것 모르시느냐고
말하고 싶지만 속으로 해봅니다

3부

여름이 끝날 무렵

봄이 오는 소리

산골짝에 졸졸졸 물 흐르는 소리
산새들의 짝을 찾는 소리
산에 들에 풀들이 싹트는 소리
새싹이 낙엽을 살짝 들고
해님에게 인사하는 소리
꽃망울 터뜨리는 소리
아가씨들이 봄나물 캐는 소리
개구리가 합창하는 소리
강남 갔던 제비가 돌아오는 소리
보리밭 종달새 지저귀는 소리
동네 앞 우물가에 미루나무 크는 소리
우물가 아낙네들 빨래 방망이 소리

나의 봄

같은 봄인데 젊은이의 봄과

늙은이의 봄은 왜 다를까

같은 봄인데 젊은 때의 봄과

늙은 지금 나의 봄은 왜 다를까

봄도 나이를 먹는가 보다

내 나이와 같이

꽃, 비닐하우스

바람이 강하게 불면
비닐 덮개가 찢어질까 걱정
비가 많이 오면 꽃들이
물에 잠길까 걱정
눈이 많이 오면
비닐하우스가 쓰러질까 걱정
여름에 너무 더우면
꽃들이 병날까 걱정
겨울에 너무 추우면
보온을 위한 연료비가
많이 드니 걱정이더니
농장을 그만두니
걱정할 것
하나도 없네
걱정이 사라지니
주머니에 들어오는 것
아무 것도 없네

올 여름

여름이면 매년 겪는 더위지만
금년 여름은 유난히 더운 것 같다
며칠 전엔 서울지역이 섭씨 38도였으니까
94년 만에 찾아온 더위란다
날이 밝으면 찜통더위 저녁이면
열대야로 잠 못 이루는 밤
나이를 먹을 만큼 먹어서
더위를 많이 경험했는데도
올 여름은 유난히 더운 것 같다
찬물을 몸에 부어보지만 그때뿐
에어컨을 틀면 너무 한기가 느껴져
재채기를 하고 콧물이 나온다
그래서 선풍기로 지낸다
또 얼마 있으면 추워추워 할 날이
올 텐데 그새를 참지 못하고 발광을 한다
며칠만 참읍시다 선선하고 날씨
좋은 날이 올 것이니

여름이 끝날 무렵

덥다 정말 너무 덥다
더운 날이 계속되더니
입추라는 절기를 무색도록 하네
아침저녁으로 서늘해졌네
머물 때와 떠날 때를 아는 여름인데
잠깐 왔다가 금세 갈 것을 알면서도
호들갑을 떨며 발광을 했지
벌써 떠나야 할 여름인데
떠날 때를 잊었나
가지 않으려고 머뭇거리네
빨리 가다오 여름아
명년에 또 만나자

가을의 문턱에서

연일 찜통더위가 계속되길래
아직 여름이 더 머물러 있을 줄 알았는데
높은 하늘을 보고
코스모스의 하늘거리는
꽃 물결을 보고
여름도 갈 때를 아는가 보네
아침저녁으로 서늘해진 날씨
가을의 문턱에 들어섰네
그렇게 가기 싫어하더니
여름도 갈 준비를 하네
갈 때를 아는 여름은
할 일을 하고 갈 터이니
조금만 기다리라고 하네
여름내 키운 오곡백과
결실을 보고 싶다 하네

벌써 가을인가

난 아직 가을이
멀리에 있는 줄만 알았습니다
몸으로는
제법 아침저녁 서늘해진
날씨를 느끼고
높아진 하늘 멀리 선명하게 보이는 산과 들
하늘거리는 코스모스 꽃들의 꽃 물결 보이고
노랗게 익어가는 감들
입을 벌린 밤송이들
여름 내내 후덥지근하던 날씨가 사라지고
상쾌한 날들, 이제 가을인가 봅니다
머지않아 산들이 울긋불긋
단풍으로 물들겠지

가을 하늘에 고추잠자리

추수가 끝난 들녘에 고추잠자리
세월 다 간 줄도 모르고
힘차게 날고 있네
추수가 끝난 밭에
옥수수 대가 띄엄띄엄
남아 서 있네
제일 높은 옥수수 꼭대기에
고추잠자리 앉아있네
세월이 얼마 남지 않았다는 것을
모르고 제가 제일이라고 하네
밑에 날아다니는 벌레들
움직이지 못하네
눈에 뜨이면 잡아먹으려 하네
시야가 좁으니 넓은 세상을
보지 못하네
네 위에 너를 노리는
새들이 있다는 것을
모르고 있느냐 가을이 끝나면
네 생명도 끝이라는 것을

단풍

가을이 되어 나무들이
형형색색으로
곱게 물드니 정말 곱구나
여름 내 그늘을 지어주어
사람들을 쉬어 갈 수 있게 하더니
낙엽이 질 때 되어 곱게 물드니
사람들을 기쁘게 하네
낙엽이 되어 땅에 떨어져서도
젊은이들이 낙엽을 밟으며
즐거워하고
낙엽을 들어 공중에 날리며
즐거워하네

그런데 만물의
영장이라는 인간은
욕심·시기·질투하며
살아서일까 늙어
마지막 길로 갈 때가 되니
추하게 보이네요

낙엽

간 밤에 문풍지가
소리 높여 노래하더니

길가에 낙엽이
수북이 쌓였네

낙엽을 밟으며
동심 속으로 들어가 보네

낙엽을 한 움큼 쥐고
하늘로 높이 날려 보네

나비가 되어
너울너울 춤을 추네
새가 되어
멀리멀리 날아가네

늙은 이 몸도 새가 되어
끝없이 날아갔으면
내 고향 하늘까지
날아갈 수 있으련만

나는 의자

외로운 의자 하나
아무도 찾아주지 않는
의자 외로이 놓여있네
아무도 와서 앉아주질 않네
오래전부터 있던 의자인데
힘든 이들 쉬어가라고
있는 의자인데

어느 날
가방에서 휴지를 꺼내더니
먼지를 털고 앉는 여인
앉아주니 고맙네요
아주 버려진 의자인 줄 알았는데
찾아주는 이 있어 고맙네요
아무 말은 안 해도
종종 와서 쉬었다 갔으면
외롭지 않겠네

당신의 마음은 갈대

여자의 마음이 갈대라지만
남자의 마음도 별 수 없는 갈대
남녀를 막론하고 왜 다 갈대일까
인생은 모든 것이 완전치
못해서 가 아닌가
말 한마디에 춤도 추고
새침해지기도 하는
당신의 마음은 별 수 없는 갈대
사람의 마음은 왜 간사스러울까
이랬다저랬다 걷잡을 수 없네
하루에도 수십 번씩 마음이 변하니
갈대가 아닌가
말 한마디에 수시로 변하는
당신의 마음은 갈대

내 비빔밥

유명하신 시인의 시를 흉내 내 봅니다
비빔밥에 들어가는 채소 여섯 가지가 들어갔는데
거기에 고추장과 참기름이 빠졌습니다
고추장 참기름이 빠지면 비빔밥의 맛이 덜 합니다

비빔밥에는 정의가 없습니다
꼭 이런 나물이 들어가야 하고
몇 종류의 나물이 들어가야 한다는 정의는 없습니다
입맛대로 손쉽게 구할 수 있는 아침에 먹고 남은
나물로도 비빔밥을 만들 수 있습니다
대보름이 며칠 전에 지나갔으니
보름에 먹던 여러 가지 나물들
설에 먹다 남아서 냉장고에 보관해 두었던
잡채를 꺼내 팬에 식용유를 두르고 약한 불에 볶다가
적당량의 밥을 넣고 고추장을 넣고 비빈다
참기름 한두 방을 떨어뜨리고
계란을 반숙해서 넣고 비비면 그 맛이 꿀맛이다

사계절의 비빔밥을 맛볼 수 있는 곳이

대한민국이다
이른 봄에 돋아나는 돌나물 부추 또 미나리 봄동을
잘게 썰어 넣고 또한 고추장 참기름 빠트릴 수 없다
비벼 먹으면 싱싱한 채소의 맛이 기막히다

여름엔 또 어떤가
밭에서 자란 무에서 무청을 뜯어다
먹기 좋게 손끝으로 자르고
배추도 밑의 잎을 재껴서 가져다가
먹기 좋게 잘라 넣고 여기에는 양념장을
맛있게 만들어 입맛에 맞게 넣어 비비면 그 맛이 일품이다
무청가시에 찔려 입안은 얼얼하지만
어떤 비빔밥에도 뒤지지 않는다

겨울엔 또 어떤가
긴긴밤에 윷놀이하다가 출출해지면
동치미 무김치를 독에서 건져내
채를 썰고 배추김치도 채를 쳐서 바가지에 담고
고추장 참기름 몇 방울 떨어뜨려 비비면

다 비비기도 전에 숟가락이 들어와 퍼간다
저 밥이 입속으로 들어갈까 의심해 보지만
눈을 크게 뜨고 입을 크게 벌려 넣으면 밥이 들어간다
몇 번 씹지도 않고 눈감고 꿀떡 넘긴다
누가 더 먹을세라 부지런히 퍼나른다
순식간에 빈 바가지가 됐다
바각바각 빈 바가지 긁는 소리가 들리곤 했다

치아가 부실한 사람들을 위해
나물들을 푹 삶아서 몇 가지의
나물들을 넣고 고추장 참기름을
적당히 넣고 비빈다 그러다가
나물이 긴 것이 보이면 가위로
먹기 좋게 잘라주고 비비면
이것은 어르신들을 위한 비빔밥이다
이렇게 비빔밥이 다양하다

좋은 마음으로 살다 갑시다

외롭게 왔다가
외롭게 가는 것이
인생인 것을
왜 욕심을 냅니까
재물을 많이 모아
저 세상에 어떻게
가져가시려고요
가지고 가는 방법 있습니까
왜 남 잘되는 것을 못 봅니까
잘 한다고 박수 쳐주면 안됩니까
미운 사람 죽이고 당신만 잘살면
누가 대단한 사람이라고
칭찬할 사람 있습니까
자신의 잘못은 감추고
남의 잘못만 들추어내는
그 마음 알 길 없네요
인간이니까 어쩔 수 없네요
눈 깜박하는 사이를 살다
가는 것이 인생인 것을
좋은 마음으로 깨끗하게
행복하게 살다 갑시다

세상 사는 맛

우리들이 살아가는 길 앞에
웃음만이 있겠는가?
비바람을 헤치고 가야 할 길
가시밭길 자갈길을 걸어온 우리
결심하고 가는 길 앞에 가로막는
폭풍이 어이 있으랴
평탄한 꽃길에 들어서니
지나온 길을 너무 아쉬워하네

우리들의 삶이 불행하다고 생각하는 것
욕심이 너무 많아서이지요
감사할 줄 아는 사람만이
행복을 움켜쥘 수 있습니다
사람이 산다는 것
좋은 일 궂은 일 다 겪으면서
사는 것이 인생살이가 아니겠나
굴곡 없는 삶이라면
무슨 살맛이 있겠는가
모든 것이 부족한 삶을 살다가

풍족한 삶을 살 때
변화 있는 삶이
세상 사는 맛이 아니겠다

존경받는 사람

소외당하는 이웃들을 넓은 마음으로
보듬어줄 줄 아는 사람
소외된 이웃들에게 내가 가진 것 적어도
나누어줄 줄 아는 소박한 마음을 가진 사람
모르는 것을 모른다고 솔직히 말하는 사람
좀 안다고 잘난 척하지 않고 겸손하게
자신의 지식을 나누어줄 수 있는 사람
자신의 유익을 헤아려 손해 보지 않으려는
이기적인 생각보다 내게 약간의 손해가 있더라도
남의 행복을 기뻐할 줄 아는
넉넉한 마음을 가진 사람
지나치게 약삭빠르게 놀지 말고
나 아닌 다른 사람의 입장에서
생각할 줄 아는 배려가 있는 사람
억울하고 마음 아픈 것을 견뎌내는 인내심 깊은 사람
꾸며진 미소보다는 진실한 마음으로
마음과 생각을 다듬을 줄 아는 사람

천사 닮은 삶

내 유익을 구하지 말고 남의 유익을 구하는 삶
먼저 나서지도 말고 우쭐대지도 말도 늘 겸손한 삶
내 욕심을 버리고 남을 배려하는 삶
나를 낮추고 남을 높여주는 삶

내 언행으로 인해 다른 사람을
실망하게 하지 않는 삶
사마리아인처럼 어려운 일 당한
이웃을 도와줄 수 있는 삶
겉옷을 달라하면 속옷까지도 줄 수 있는 삶
좋은 일 하다가 어떠한 비난도 감수할 수 있는 삶
넉넉하지 못한 가운데서도 남을 도와주는 삶
자기 마음을 저울질하지 않는 삶

잘난 사람들

이 세상엔 어찌
잘난 사람들이 많은가
나 하나 빼고 다 잘난 사람이네
머리 잘 굴리는 사람
다 잘난 사람
난 그런 머리 없네
사람은 약삭빨라야 하는데
난 항상 우둔하네
사람은 힘이 있어야 하는데
난 그런 힘없네

큰 소리 치는 사람 잘난 사람
난 그 많은 사람 중에
끼어 들 수 없네
다 잘난 사람들이니까
난 무엇 하나 내세울 만한 것 없네
잘 나지도 못했고
지식도 남 같지 못하고
재물도 없고 아무것도 없는 것뿐이네

가만히 눈감고 잘난 것
무엇이 있을까
찾아봐도 아무것도 없네
워낙 못났으니까
그냥 말없이 중간에만 끼었으면……
가만히 생각해 보니
내 부족한 모든 것
하나님이 채워주셨으므로
지금까지 살아올 수 있었네
하나님 감사합니다

좋은 세상

세상 참 많이 좋아졌네요
젊은 여인이
유모차를 밀고 가기에
애기를 한번 보려고
부지런히 걸어가 유모차를 보니
강아지가 실려 있네

세상 참 많이 좋아졌네요
젊은 여자 애기를 안고
버스에 오르는 것 보고
참 애기 키우느라
고생이 많다 하고 가보니
강아지가 안겨 있네요
강아지 좋은 세상 만났네요

그 옛날 우리네는
식사하고 남은 것을
개밥으로 먹이었는데
개도 외국산이어서인가

개 사료도 수입산이네요
참 고급스럽네요

내 개를 예쁘게 보이려고
염색도 하고 예쁜 옷을 입히고
치장을 하네요 독거 노인들
겨우 끼니만 때우고 사는데
애견 먹이 참 고급스럽네요
차라리 애견으로 태어났으면
하는 생각도 드네요
어찌 보면 개보다 못한
대우를 받고 사네요
차라리 애견으로 태어났으면
하는 생각도 드네요
개 호텔, 개 유치원
동물병원, 수입 개 사료
참 좋은 세상 만났네요
개 팔자 상팔자네요

짝사랑

당신을 못 잊어서
당신을 그려 봅니다
이 밤도 잠 못 이루고
뒤척입니다
내일은 당신을 만나서
좋아한다고 해야지
다짐해놓고 또 못하고
내일은 내일은 하다 못하고
밤마다 그리워합니다
면박 받을까 봐 고백을 못하고
수줍어서 숫기가 없어서
또 하루가 넘어갔습니다
지금 당신 나이가 몇인데
사랑 타령입니까 꼬집습니다
말(馬)이 늙었다고 콩(大豆)을
싫어합니까
사람이 늙어도 사랑이라는 것
임을 그리워하는 마음
늘 있습니다

늙어가지고 주책이 없다고요
그러면 당신은 사랑을 모릅니까
어떻게 합니까
사랑이 그리워지는 데야

잠 못 이루고 뒤척이는 밤

내 마음속에 있는 당신
떠나지 않네
당신의 모습을 잊지 못해
이 밤도 잠 못 이루고 뒤척이네
내 눈 속에 또렷이 보이는 당신
보지 않으려고 먼 산을 바라보아도
가운데 겹쳐 보이는 당신
좋은 그림을 보아도
그림 속에 있는 당신
당신을 보지 않으려고
전등불을 꺼 보지만
어둠 속에
더 또렷이 보이는 당신
잊으려 하면 떠오르는 당신
어떻게 하면
마음속에 있는 당신을
잊을 수 있을 있을까요
그 여인은 내 생각하지 않을 것을
나 혼자 그리워하는 건 아닐는지

4부

신기한 나의 눈

회상(回想)

같이라면

친구

콩 서리

코 흘리던 때의 친구

꿈속을 헤매는 나

거기서 거기지

신기한 나의 눈

예전엔 미처 몰랐습니다

잊혀지지 않는 사람

그리운 사람

내 사랑 길례

사랑이란

신비스러운 말, 사랑한다

나만의 사랑

기억 속에 있는 여인

말없이 떠난 여인

어렴풋이 남아있는 누나

대머리가 된 암탉

욕심을 버리자

꽃을 찾아 헤매는 나비

회상回想

내가 살아온 세월을 회상回想하다 보니
길례가 떠오르네
그 어린 나이에 한집 살림을 도맡아 했으니
그런데도 오빠에게 인정받지 못하고
오빠에게 손찌검까지 받고 살았으니
위로 해주지 못한 것 미안한 생각이드네
초등학교도 못 다니고 야학에서 공부하고
공부가 끝나고 어두운 밤에 집으로 돌아올 때
마중이라도 갔어야 했는데
그때에는 내가 너무 철이 없을 때라
미처 생각을 못했지
칠십여 년이 지난 지금 헛된 생각을 해보네

같이라면

— 동행

혼자가 아닌 같이라는 것
외롭지 않아 좋네요
누구와 같이 걷는다는 것
외롭지 않아 좋네요
할 말은 없어도
누가 옆에 있다는 것
마음 든든해 좋네요
잘못된 길을 걸어가면
바른길로 끌어주니 좋네요
슬플 때 위로해 줄
사람 있어 좋네요
쌀쌀한 날씨에도
손잡고 걸어가면
마음까지도 뜨거워지네요
혼자 걸어가면 먼 길도
같이 걸으면 가깝네요
같이하면 두려울 것 없네
나 혼자 못하는 것
같이하면 할 수 있네
같이하면 모든 것이
아름답게 보이네

친구

고구마 한 개로 점심을
때우던 때의 친구
시래기 죽 먹던 때의 친구
그 친구가 미국으로 이민 갔네요
어떻게 그렇게 간다는
말 한 마디 없이 갈 수 있나

미국으로 이민 가는 것이
오래전에 계획했던 것이냐
그래서 헌종이랑 셋이서
일박 이일 여행을 했던 것이냐
식구들은 다 이민 가도
너는 혼자 남겠다고 하더니
헌종이는 하늘나라로 갔고
넌 이민 가고
나 혼자만 남겨두고
결국 너도 떠나갔구나

하루가 멀다 하고

자주 집에 들르더니
어릴 때부터 오랫동안
친하게 지내던 사이니까
차마 떠난다는 말을 할 수 없었겠지
같이 고생하며 살았던 친구니까
훌쩍 떠나버린 너
그래도 보고 싶구나

콩 서리

고향이 그리울 때에는
어린 시절의 친구들이 생각나네
가을에 콩 서리 해 먹던 친구들
남의 콩밭에 들어가
적당히 여문 콩을 꺾어다 놓고
불쏘시개를 구해다 불을 지피고
땔감을 어디에서 구해왔는지
불 위에 얹어 놓고
윗도리를 벗어서
불 잘 붙으라고
힘 있게 바람을 넣는다
어지간히 불이 붙었다 하면
서리해온 콩 다발을 불 위에 놓고
윗도리를 또 휘두른다
불길이 올라오면 콩이 익기만 기다린다
콩이 익은 것 같으면 콩대에 붙어있는
콩 꼬다리를 먼저 까먹고
아직 덜 탄 나무를 걷어내고
윗도리로 재를 날리면

콩알이 수북이 드러난다
땅에 잘 익은 콩을 골라 먹는다
검댕이 묻은 콩을 입으로 후후 불어서
먼지를 날리고 먹는다
검댕이 묻은 손으로 집어먹으니
입 언저리가 검게 칠해진다
손이 검댕이 묻은 줄도 모르고
콧물이 나면 그 손으로 닦으면
코 밑도 검댕이 묻곤 했지
서로를 보며 수염이 그려졌다고
깔깔대며 좋아했지

어지간히 다 먹었다 싶으면
잔불 정리를 하곤 했다
주위의 불은 발로 밟아서 끄고
콩 골라 먹던 자리는
서로의 오줌을 눠서 정리를 했다
며칠 지나 그 근처를 지나다가
콩 구워 먹던 생각이 나면

그 자리를 꼬챙이로 뒤적거리면
콩이 나온다 그러면 집어먹곤 했다
지금 생각하면
헛웃음만 나오는 행동이지만
간식 먹기 힘든 때의 추억
배고프던 때의 추억
잊을 수 없는 이야기

코 흘리던 때의 친구

개구리 잡아먹던 때의 친구
메뚜기 잡아 구워먹던 때의 친구
도랑을 막고 물을 퍼서 물고기 잡던 친구
옷 버리고 얼굴에 흙탕물 묻혀도
물고기에 정신이 팔려
물고기 잡기에만 온 정신을 쏟으며
좋아하던 친구
네가 잘났네 내가 잘났네
다투지 않던 친구
가을엔 콩서리 해 먹던 친구
감자 옥수수도 서리 해 구워 먹곤 했지
철없이 덤벙대던 친구
그 친구들 지금 어디에 살고 있을까
나처럼 다 늙어 백발이 됐겠지

꿈속을 헤매는 나

꿈속에서 만난 사람들
이미 오래전에 하늘나라에 간 사람도 있고
어릴 때 구슬치기하던 친구들
그때의 어린 얼굴로 만날 수 있었네
팔십이 넘은 나이인데도
어릴 때의 그 모습이네

길례도 배시시 웃으며 나를 맞아주네
반가워서 손을 덥석 잡아보네
좋아서 뛰다가 잠에서 깨어나니 서운하네
또 꿈속에서 만나려나 잠을 청해 보지만
쉽사리 잠들지 못하네
언제나 잠이 들어 꿈을 꾸어보지만
길례는 다시 나타나지 않네
더욱 그리워지네 길례야 잘살고 있지
어릴 때의 못 이룬 사랑
꿈속에서나마 이루고 싶은데
꿈속에서도 쉽지가 않네
어느새 왔다가 또 금방 가버리니까
다음에 꿈속에서 만나면
꼭 우리 사랑 이루어야지 다짐해보네

거기서 거기지

사람이 살아가면서
아옹다옹 해 봐야
거기서 거기지

뭐 특이한 것 있나
잘난 사람이나
못난 사람이나
거기서 거기지

내세울 만한 것 있나
많이 가진 자나
못 가진 자나
거기서 거기지

죽을 때
가지고 갈 수 없는 재물
가져 갈 무슨
뾰족한 수 있나
잘났다고 우쭐대지도 말고
잘난 척도 마시오
똑같이 한 줌의 흙이 되는 것을

신기한 나의 눈

눈을 뜨고도
보지 못하는 것들이
눈 감으면 보이네
저 먼 하늘 아래
내 고향이 아득히 보이네
한 상에 둘러앉은
내 부모 형제
어릴 때 내 친구들
숨바꼭질하면서
모여 있네 친구들 이름이
생각이 나질 않네

내가 늙었다고 생각들 때
눈을 지그시 감아보네
젊은 때의 행복했던 때를
느낄 수 있으니까
어릴 때 철없이 뛰놀던
그때로 돌아갈 수 있으니까
온갖 세상살이

보고 싶지 않으니까
눈을 감고 있으면
젊어지니까
눈을 떴다
또 눈을 감아보네
온갖 시름없어지고
좋았던 때만 기억하고
회상하면 마음이
즐거워지네

예전엔 미처 몰랐습니다

그때에는 미처 몰랐습니다
세월이 지난 후에야
당신을 놀리고 괴롭혔던 것이
당신을 사랑했다는 것을
지금에서야 알았습니다

당신이 한복을 곱게 차려 입고
나를 찾아왔는데
너무 우둔해서일까 수줍어서일까
당신을 반갑게 맞아 주었어야 했는데
눈인사만 꾸벅하고 말았으니
당신이 미국으로 이민 간 후에야
당신이 한국을 떠났다는 것을 들었습니다
가지 못하게 붙들었어야 했는데
그것이 후회됩니다

지금 당신이 한국에 없는데
왜 이렇게 애타게 보고 싶을까요
지그시 눈을 감고

당신을 그려봅니다
예쁜 얼굴 까만 머리카락에
흰색을 칠해봅니다
예쁜 얼굴에 연필로 가늘게
주름을 그려봅니다
그래도 여전히 예쁘십니다
이렇게 사무치게
그리워질 수 있다는 것을
예전엔 미처 몰랐습니다

잊혀지지 않는 사람

어느 날 우리는 갑자기 가까워졌지
매일매일 만나지 않으면
너무 보고 싶어 안달했지
내 마음 설레게 하던 당신이었는데
하루라도 못 보면 그리워지는 사이였는데
매일 찾아가던 내가 발길을 끊었다
우리들의 사랑을 방해하는
사람으로 인해 사랑을 이루지 못했다
무시당하는 내가 싫어서
내 자신이 너무 비참해서
정말 사랑했는데
당신이 몇 차례 찾아왔는데
미안해서 만나 주질 않았다
이루지 못한 사랑이지만
오십여 년이 흐른 지금도
가끔 생각이 납니다

그리운 사람

내가 싫어서 간 사람을
왜 못 잊어 할까
잊자 잊자 해도 못 잊는 사람
생각지 않으면 그만인 것을
그리워하는 마음 나도 모르겠네
간 사람은 내 생각도 않을 것을
나 혼자서 그리워하는 걸까
말없이 내 곁을 떠난 사람을
왜 못 잊어 할까
잊어야지 잊어야지 하면
떠오르는 사람
잊어버리면 그만인 것을
왜 못 잊어 할까
나도 내 마음을 모르겠네

내 사랑 길례

길례야
지금 어느 하늘 아래 살고 있니
어릴 때 예쁘장한 너의 얼굴
너의 모습 잊을 수가 없구나
어린 나이에 새벽에 일찍 일어나
오빠 동생들 아침저녁 밥을 짓던
너의 모습을
겨울엔 손이 거칠어져
손등이 터진 네 손
설거질 하다 손이 곱아
입김으로 손을 녹이던
너의 모습 지금도 선하다
까칠한 너의 모습
잊을 수가 없구나
지금은 편하게 살고 있겠지
좋은 배필만나 행복하게 살고 있겠지
어릴 때 고생을
많이 하고 살았으니
보상을 받아야지
너도 내 생각해봤니
나도 가끔 널 생각하곤 했지
이젠 만날 수 없으니
하늘나라에서나 만나보자꾸나

사랑이란

사랑은 아낌없이 주는 것
주고 또 주어도 아깝지 않은 것
사랑을 위해선
모든 것을 포기할 수 있는 것
사랑에는 무서움이 없는 것
사랑엔 이유가 없는 것
사랑엔 '왜'라는 단어가 없습니다
사랑은 무조건 적입니다
사랑은 내 목숨까지도 줄 수 있는 것
진정한 사랑은 거짓이 없는 것
사랑은 보고 또 보아도 보고 싶은 것
사랑은 눈물이 나오도록 보고 싶은 것
사랑을 하면
세상을 다 가진 것 같은 것

신비스러운 말, 사랑한다

사랑한다는 말 한마디에
내 마음 설레게 하네
몸이 오그라들게도 하네
사랑한다는 말 한마디에
내 힘이 솟구치게 하네
사랑한다는 말 한마디에
내 언 마음도 녹이네
나를 흥분되게도 하네
사랑한다는 말 한마디에
희망을 가지게 하네
사랑한다는 말 한마디에
나를 춤추게 하네
사랑한다는 말 한마디가
나를 눈물 나게 하네

나만의 사랑

한 여인을 알게 되었습니다
만나는 동안 정이 들어서일까
만나다 보니 좋아하는 마음이 생겼습니다
가끔이나마 당신을
바라보기에 위로를 받습니다
오늘도 사시나무처럼
당신을 마주칠 때마다
내 몸은 떨립니다
당신 좋아한다고 차마 말 못 하고
혼자서 속만 애태웠습니다
살다보면 잊힐 날이 있다지만
잊히지 않습니다
사랑이 무엇인지 더 이상 모르겠습니다
그리워하는 마음 그게 사랑이었나요

기억 속에 있는 여인

인적이 끊긴 한적한 밤
차 소리마저 끊긴 고요한 밤에
희미하게 가로등 불빛만이 창문에 비추네
밤이 고요하니 외로움이 더해져
세상에 나 혼자 남겨진 것 같은 생각이 드네
외로움에서 벗어나려고 옛날의 있었던 일을 더듬어 보네
성년이 되어서 한 여인을 사귀게 되었지
여인은 직장에 다니니까 저녁에만 만날 수 있었지
어느 날 직장에 출근하지 않고 쉬는 날
우리는 저녁을 먹고 영화감상을 하고 그녀의 집으로 갔지
그녀가 간식 사러 간 사이에 난 아랫목에 누웠지
그녀가 돌아왔을 때 난 자는 척했지 그녀도 날 깨우지 않았지
그때에는 통행금지가 있을 때라 난 집으로 갈 수 없었네
그녀가 자취하던 방이니까 작은 방이었지
그녀도 내 옆에 누우니 내 가슴은 뛰었네
처음엔 손만 잡았다가 가슴으로 손이 올라갔지
몇 차례 실랑이를 하다가 그녀도 은근히 기다렸던가
짧은 실랑이 끝에 일을 치렀네
그 후에 매일 저녁 그녀의 집으로 가곤했네

그러다가 그녀가 지방에 양장점을 차렸지
몇 차례 오고 가다가 만나는 날이 적어서인가
너무 급하게 이루어진 사랑이어서인가
내가 찾아가야 하는데 점점 찾아가는 날이 줄면서
사랑한 지 일 년도 못 되어서 헤어졌네
지금 와서 생각하니 내 욕심만 채운 것 같아
미안한 생각이 드네

말없이 떠난 여인

이웃에 사는 여인이 있었지
처음엔 눈인사만 하던 사이였는데
자주자주 스치며 만나다 보니
점점 가까워졌지
어느 날 갑자기 내게 다가와
내 마음 설레게 하는 말을 했지
만나면 만날수록 정이 들었지
이젠 떼일 수 없는 사이가 됐지
하루라도 못 보면 보고 싶은 사이
미치도록 그리워하던 사이
자기가 가진 것
모두 줄 것 같던 사이였는데
어느 날 갑자기 말없이
떠난 여인 그리워하네
그리워하는 마음
나이가 들어갈수록 더해가네

어렴풋이 남아있는 누나

여름 달 밝은 밤에
술래잡기하곤 했지
장독 뒤 헛간에 숨었지
누나는 내 손을 잡고
수풀 속으로 들어갔지
손잡고 술래 동정만
살피고 있으니
내 가슴은 뛰었지
누나 가슴도 뛰었나
얼굴이 화끈거리고
온몸이 떨렸지
지금 같은 세월이었으면
안아 보기라도 했으련만
그저 마음만 두근거렸지
기억 속에 있는 누나
철없을 때의 추억이지만
지워지지 않네

대머리가 된 암탉

어느 아는 분의 집에
애완용 닭 몇 마리가 있는데
암탉이 대머리란다
수탉에게 하루에도 몇 차례
머리를 뜯기니 털이 다 빠져
대머리가 되었다고
우리 안에 갇혀있으니
도망가지도 못하고
어느 곳에 숨을 만한 곳도 없고
매일 폭행을 당해도
하소연할 곳이 없단다

우리 집 어항에 쿠피라는
작은 물고기가 있는데
수놈이 암놈을 보면 따라다닌다
한 번은 암놈이 수놈이
따라다니는 것이 귀찮아
튀었는데 물 밖으로
뛰쳐나와 말라 죽었다
낮에 사람이 보았으면
살 수 있었을 텐데

욕심을 버리자

사람이 이 세상 올 때에는
아무것도 걸치지 않고
깨끗한 몸과 마음으로 왔다가
살아가면서 남보다
많이 가지고 싶은 욕심이 생기고
남 잘되는 것을 못 보는 시기심의
군더더기 붙어
힘들게 살아가는 인생이 아닌가
잘나지도 못하면서 혼자서
잘난 척하는 위선자들
그러니까 마음과 봄이
점점 무거워집니다
불안하고 초조해집니까
모든 것 내려놓으세요
잠깐 왔다가 가는 인생
살아가는 동안
남에게 거슬리지 말고 사세요
주님께서 주신 삶 누리며
행복하게 사세요

꽃을 찾아 헤매는 나비

아주 멀고 먼 옛날에
나비와 꽃은 서로서로
사랑을 했네
헤어지지 말고
천년만년 살자고
나비와 꽃은 약속을 해놓고
어데 가고 너를 찾아
헤매게 하느냐
오늘도 꽃을 찾아 헤매네
나비와 꽃은 언제나 만나려나
시력이 약해졌나
기억력이 흐려졌나 약속한 그 꽃
찾지 못해 헤매네
이 꽃인가 저 꽃인가 찾아봐도
만날 길 없는 나비와 꽃
산 넘으면 만나려나
물 건너면 만나려나
속 타는 나비 언제나 만나려나
오늘도 꽃을 찾아 헤매네

야속한 그 꽃 마음이 변했나
나비가 싫어졌나
반갑게 맞아주지 않네
꽃도 기억상실증에 걸렸나
나비를 알아보지 못하네
모르는 척 하는 건가
그 마음 알 길 없네